LAURE KIÉ
FOTOS: PATRICE HAUSER

bento fun

目次

Inhalt

Onigiri, Sushi und Maki

Desserts

Saucenbehälter

Ausstechformen

Hilfsmittel

Bentoboxen

Silikonförmchen

Spieße

Stanzer für Algen

Trennblätter für die Bentobox

Eierformer

Reisformer

Pinzette und Stanzstift

Strohhalme

5

Haare: Japanische Crêpes, geriebene Möhren, Keime, Nori …

Dekoration

Wangen: Möhre, Radieschen, Tomate, Käse, Ketchup, Lachs, japanische Crêpes …

Augen: Schokolade, Sesamsamen, Nori, Käse, Erbsen, Möhre, Sonnenblumenkerne …

Nase: Erbsen, japanische Crêpes, Käse, Schinken, Radieschen, Kürbiskerne, Spargel, Sesamsamen …

Ohren und Schnurrbart: Käse, Schinken, Möhre, Kürbiskerne, Oliven, Mandelblättchen, japanische Crêpes, Biskuits …

Pfoten: Nori, Bohnen, Möhre …

Mund oder Schnauze: Nori, Käse, Schinken, japanische Crêpes, Mais, Möhre, Tomate …

Schneidetechniken

Entscheidend für das Gelingen der Rezepte ist die Art, in der Gemüse, Käse, Eier, Früchte, Schinken etc. geschnitten werden. Allein mit dem krakenförmigen Aufschneiden eines simplen Radieschens wird Ihr Bento unwiderstehlich!

Im Folgenden einige einfache Tipps, um Ihren Speisen ein bezauberndes Extra zu verleihen.

Kreise

Dies ist zweifellos die häufigste Form: Sie wird benutzt für Augen, Wangen, Schnauze etc.

Für fragile Lebensmittel (z.B. Nori-Blätter oder dünne Möhrenscheiben) können Sie einen Stanzstift und bei weicher Konsistenz (Käse, Schinken, japanische Crêpes, Räucherlachs …) einen Strohhalm zu Hilfe nehmen – der mit dem Halm ausgeschnittene Kreis lässt sich leicht herauspusten!

Bei festerer Beschaffenheit, etwa bei Radieschen, werden Sie eine Ausstechform oder einen Kugelausstecher benötigen.

Ausstechformen

Mit nur wenigen Ausstechern können Sie zahlreiche Formen gestalten. So lässt sich etwa mit einem Regenschirm-Förmchen ein Schafgesicht erstellen (siehe S. 64). Nutzen Sie die Vielfalt an möglichen Motiven, die sich in jeder Ausstechform verbirgt.

Eine Portion weißer Reis wirkt ansprechender, wenn Sie sie in unterschiedlichen Formen drapieren oder einfach als eine Form zwischen verschiedenfarbige Speisen setzen.

Stechen Sie mit zwei Formen desselben Motivs, aber unterschiedlicher Größe zwei verschiedenfarbige Speisen aus und fügen Sie sie ineinander. Beispiel: Aus einer herzförmigen Schinkenscheibe wird ein kleineres Herz herausgestochen, in das ein Eier-Crêpe-Herz gebettet wird.

Kugeln

Der Kugelausstecher ist bestens geeignet, um Frucht- (siehe S. 76) oder Gemüsekugeln (siehe S. 43) herzustellen. Diese geben Ihren Speisen sofort eine japanische Anmutung. Mit Spießen vervollständigen Sie die Dekoration.

Krake

Die Krake ist ein Klassiker für Bento-Gerichte. Kraken lassen sich sowohl aus Radieschen als auch aus Würstchen erstellen.

Die Technik, mit der man mit dem Messer Kraken schneidet, ist auf Seite 47 beschrieben.

Herzen

Ein Herz formen Sie ganz einfach, indem Sie ein Oval schräg durchschneiden und die eine Hälfte herumdrehen, um die beiden Teile dann in Herzform zusammenzusetzen. Auf diese Weise können Sie Herzen aus japanischem Omelette, Kirschtomaten, Trauben etc. herstellen.

Kreise

Ausstechformen

Krake

Herzen

Mousses und Saucen

Zucchinimousse

Für 3-12 kleine Förmchen

- 1 Zucchini
- 15 cl Gemüsebrühe
- 1 EL Crème fraîche
- Salz, Pfeffer aus der Mühle
- 1 gestrichener TL Agar-Agar, aufgelöst in
  1 EL Wasser

Zucchini waschen und in große Würfel schneiden. In einen Topf geben, Gemüsebrühe hinzugießen, zum Kochen bringen und weitere 10 Minuten bei niedriger Temperatur köcheln.

Crème fraîche dazugeben und alles mit dem Mixer zu einer homogenen Masse verrühren. Salzen und pfeffern. Agar-Agar einarbeiten und die Masse bei mittlerer Temperatur unter ständigem Rühren mit dem Schneebesen zum Kochen bringen. Nach ca. 30 Sekunden von der Kochplatte nehmen.

Die Mousse auf Silikonförmchen verteilen. Auf Zimmertemperatur abkühlen lassen. Vor dem Stürzen 2 Stunden im Kühlschrank kalt stellen.

Mangomousse

Für 3-12 kleine Förmchen

- 20 cl Mango-Fruchtfleisch
- 1 gestrichener TL Agar-Agar

Fruchtfleisch und Agar-Agar in einem Topf vermischen. Bei mittlerer Temperatur unter ständigem Rühren zum Kochen bringen. Nach ca. 30 Sekunden die Kochplatte ausschalten.

Die Mousse auf Silikonförmchen verteilen. Auf Zimmertemperatur abkühlen lassen. Vor dem Stürzen 2 Stunden im Kühlschrank kalt stellen.

Auf dieselbe Weise stellen Sie eine Mousse mit Himbeersauce her.

Kräuterbutter

Für 100 g Butter

- 100 g Butter, leicht gesalzen, Zimmertemperatur
- 3 EL gehackte Kräuter (Petersilie, Basilikum, Schnittlauch, Koriander …)

Butter und Kräuter mit einer Gabel zerdrücken, bis eine homogene Masse entstanden ist. Die Buttermasse auf ein Stück Klarsichtfolie geben, mit einem weiteren Stück Folie bedecken und mit einer Teigrolle zu einem Kreis von ca. 1 cm Dicke ausrollen. 30 Minuten im Kühlschrank kalt stellen.

Die Klarsichtfolie abziehen und mit Ausstechern Formen aus der Butter ausstechen.

Feste japanische Vinaigrette

Für ca. 30 Portionen

- 8 EL Sojasauce
- 4 EL Wasser
- 1 TL Agar-Agar
- 8 EL Reisessig
- 8 EL geröstetes Sesamöl

In einem Topf Sojasauce, Wasser und Agar-Agar vermengen. Die Mischung zum Kochen bringen und die Kochplatte ausschalten.

Reisessig und Sesamöl zugeben und alles mit dem Schneebesen gleichmäßig verrühren. Die Mischung in Silikonförmchen für Eiswürfel oder Schokolade geben. 30 Minuten im Kühlschrank kalt stellen.

Reis kochen

Zubereitung von japanischem Reis

Für 750 g gekochten Reis (4 große Schalen)
- 450 g (3 Gläser) weißer, roher Rundkornreis (japanischer Reis oder italienischer Rundkornreis)
- 60 cl Wasser (3 Gläser)

Reis mehrmals waschen, bis das Wasser glasklar ist. Abtropfen lassen und in einen Kochtopf geben. 60 cl Wasser dazugeben. Den Deckel aufsetzen, das Wasser zum Kochen bringen und den Reis 12 Minuten bei niedriger Temperatur weiterkochen. Den Topf von der Kochplatte nehmen und den Reis abgedeckt ca. 10 Minuten ruhen lassen.

Variante: Roter Reis (für 750 g gekochten Reis)
400 g weißen Rundkornreis und 50 g schwarzen Reis (aus dem Bio-Laden) vermischen. Die Mischung mehrmals waschen, bis das Wasser glasklar ist. Abtropfen lassen und in einen Kochtopf geben. 60 cl Wasser dazugeben. Fortfahren wie oben beschrieben.

Variante: Safranreis (für 750 g gekochten Reis)
450 g weißen Rundkornreis mehrmals waschen, bis das Wasser glasklar ist. Abtropfen lassen und in einen Kochtopf geben. 60 cl Wasser und eine Prise Safran dazugeben. Fortfahren wie oben beschrieben.

Zubereitung von Sushi-Reis

Für 750 g Reis
- 4 große Schalen gekochter, heißer Reis (Zubereitung siehe oben)
- 5 EL Reisessig
- 3 EL Streuzucker
- 1 TL Salz

Zucker und Salz mit dem Essig bei niedriger Temperatur erhitzen. (Die Mischung darf nicht kochen!) Den gekochten Reis noch heiß in eine Schüssel geben. Die Essigmischung dazugeben und vorsichtig mit einem Reislöffel unter den Reis mischen, ohne dabei die Reiskörner zu zerdrücken (falls möglich, den Reis zugleich mithilfe eines Fächers abkühlen). Auf diese Weise erhält der Reis einen schönen Glanz. Den Reis bis zum Servieren unter einem feuchten Geschirrtuch ruhen lassen, damit er nicht trocken wird.

Für 1 großes Omelette oder für ca. 3 Crêpes

- 3 Eier
- 3 EL Dashi-Brühe (Fischsud, im Asia-Laden) oder Gemüse- brühe
- ½ EL Mirin
- 1 Prise Salz
- Pflanzenöl zum Ausbacken

Japanische Omelettes und Crêpes

Japanisches Omelette

In einer Schale mit einer Gabel die Eier mit Brühe, Mirin und Salz schlagen.

1 Esslöffel Öl in einer (vorzugsweise rechteckigen) beschichteten Pfanne erhitzen. Dann eine kleine Menge des geschlagenen Eis dazugeben, sodass ein dünnes Omelette entsteht. Dieses zum hinteren Ende der Pfanne hin aufrollen.

Erneut eine kleine Menge des geschlagenen Eis in die Pfanne gießen. Das zuvor gerollte Omelette leicht anhe- ben, sodass etwas von der Eimasse darunterfließt. Die frische Eimasse stocken lassen, dann das zweite Ome- lette zum hinteren Ende der Pfanne hin aufrollen. Den Vorgang wiederholen, bis die Eimasse verbraucht ist. Auf diese Weise entsteht – je nach Form der Pfanne – ein rechteckiges oder rundes japanisches Omelette. Von allen Seiten bei mittlerer Hitze leicht bräunen.

Japanische Crêpes

In einer Schale mit einer Gabel die Eier mit Brühe, Mirin und Salz schlagen.

Öl in einer beschichteten Pfanne erhitzen. Dann eine kleine Menge des geschlagenen Eis dazugeben, sodass ein dünnes Crêpe entsteht. 1 bis 2 Minuten backen (das Crêpe darf nicht braun werden und soll weich bleiben). Das Crêpe wenden und bereits nach einigen Sekunden aus der Pfanne nehmen. Den Vorgang wiederholen, bis die Eimasse verbraucht ist.

15

Familie Panda

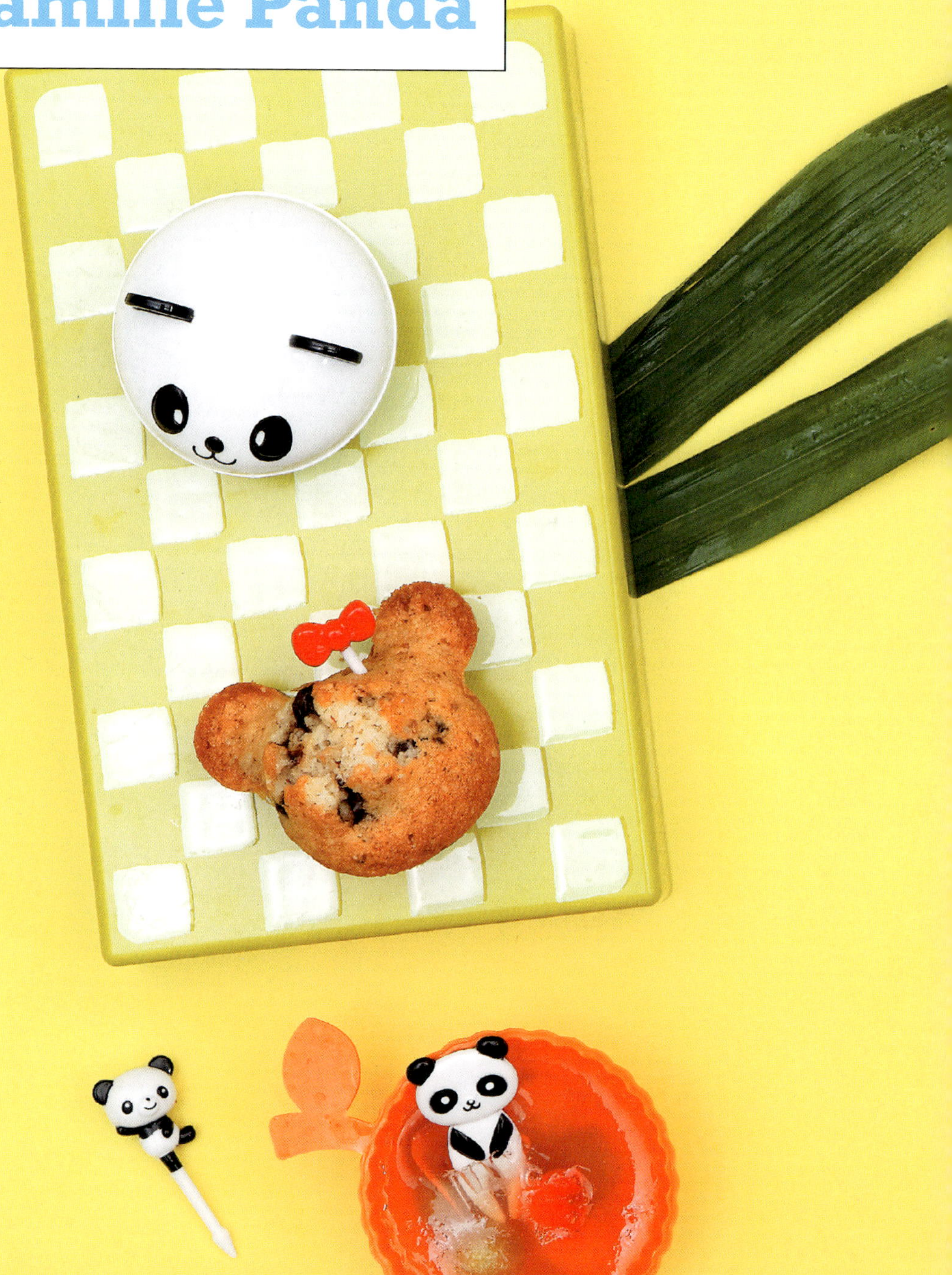

Familie Panda

Für 4 Bento

Panda-Onigiri

- 1 Nori-Blatt
- 1 Scheibe fester Mozzarella
- 4 schwarze Oliven, entsteint
- 2 große Schalen gekochter, heißer Reis (siehe „Reis kochen" S. 12)
- Salz

Aus dem Nori-Blatt mit einer Stanze 4 Augenpaare und 4 Schnauzen herausstanzen.

Mit einem dünnen Strohhalm acht Kreise aus dem Mozzarella herausstechen und auf die Nori-Augen aufsetzen.

Für die Ohren alle Oliven halbieren.

Den Reis in einer Schüssel vorsichtig mit 2 Prisen Salz vermischen. Ein Viertel des Reises auf eine Klarsichtfolie geben und so darin einwickeln, dass eine leicht ovale Form entsteht. Folie abziehen. Den Vorgang mit dem restlichen Reis wiederholen, sodass 4 Kugeln entstehen.

Auf jeder Reiskugel Augen, Schnauze und Ohren platzieren.

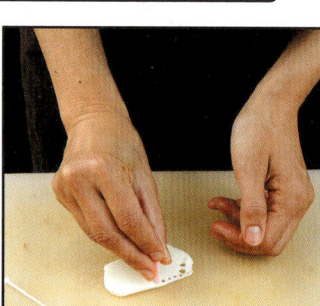

Mit Ziegenkäse gefüllte Tomaten

- 12 Kirschtomaten
- 2 EL frischer Ziegenkäse
- Olivenöl
- 6 Stängel Schnittlauch, gehackt
- Pfeffer aus der Mühle

Von den Kirschtomaten jeweils einen Deckel abschneiden. Die Tomaten aushöhlen.

In einer Schale Ziegenkäse mit Olivenöl, Schnittlauch und Pfeffer mischen.

Die Tomaten mit der Ziegenkäsemasse füllen und die Deckel auflegen.

Spargel-Lachs-Röllchen

- 4 Stangen grüner Spargel
- 2 Scheiben Räucherlachs
- 1 Spritzer Zitronensaft

Die harten Spargelenden entfernen. Die Stangen in 5 cm lange Stücke schneiden. Spargel 5 Minuten blanchieren und mit Zitronensaft beträufeln.

Den Lachs in 5 cm breite und 6 bis 8 cm lange Streifen schneiden. Jedes Spargelstück in einen Lachsstreifen einrollen.

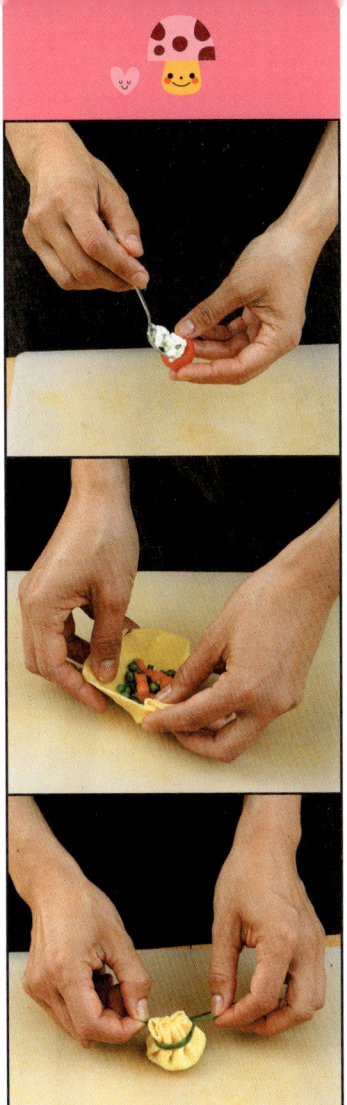

Gemüsetaschen

- ½ Möhre
- 2 EL Erbsen ohne Hülsen
- 4 kleine japanische Crêpes (siehe Rezept S. 14)
- Salz, Pfeffer aus der Mühle
- 4 Stängel Schnittlauch

Möhre schälen und in kleine Würfel schneiden.

Erbsen und Möhrenwürfel 10 Minuten in kochendem Salzwasser garen. Danach in einem Sieb unter kaltem Wasser abschrecken. Abtropfen lassen, salzen und pfeffern.

Das Gemüse auf die Mitte der Crêpes geben. Einen kleinen Beutel formen und mit einem Schnittlauchstängel zuschnüren.

Brokkoli

- ½ Brokkoli
- Gomashio (im Bio-Laden)

Brokkoliröschen vom Strunk trennen und waschen. 6 Minuten in kochendem Salzwasser garen. Danach in einem Sieb unter kaltem Wasser abschrecken. Abtropfen lassen.

Brokkoliröschen mit Gomashio würzen.

Mini-Financiers mit Schokostückchen

Die Zubereitung der kleinen französischen Küchlein, die Goldbarren ähneln, ist auf Seite 27 beschrieben. Bei diesem Rezept werden die Himbeeren durch Schokoladenstückchen ersetzt.

Garnierung

- 4 Salatblätter
- Fruchtlollis (siehe Rezept S. 76)

Küken-Bibimbap

Küken-Bibimbap

Für 4 Bento

Bibimbap

- 1 Handvoll geputzte, gewürfelte grüne Bohnen
- 1 Handvoll in Lamellen geschnittene Zuckererbsen
- 1 geschälte, gewürfelte Möhre
- 3 EL Sojasauce
- ½ EL Reisessig
- 3 EL geröstetes Sesamöl
- 1 EL Streuzucker
- 100 g Rinderhackfleisch
- Erdnussöl
- 2 geriebene Knoblauchzehen
- Salz, Pfeffer aus der Mühle
- 1 EL schwarze Sesamsamen
- ¼ japanisches Crêpe (siehe Rezept S. 14)
- 1 Nori-Blatt
- 1 Tomatenscheibe
- 4 frische Eier
- 400 g heißer Safranreis (siehe „Reis kochen" S. 12)
- Ketchup (nach Belieben)

Das Gemüse 5 Minuten in kochendem Salzwasser garen. Abtropfen lassen. Sojasauce, Reisessig, Sesamöl und Zucker in einer Schale verrühren.

Das Hackfleisch für 2 Minuten in einen leicht geölten Wok geben. Gemüse und Knoblauch zugeben, salzen und pfeffern und alles weitere 2 Minuten braten. Die Sauce zugießen, umrühren und 1 Minute köcheln lassen. Einige Sesamsamen dazugeben. Beiseitstellen und warm halten.

Aus dem japanischen Crêpe 4 kleine Ovale herausschneiden und auf jedes Oval 2 schwarze Sesamsamen als Nase platzieren. 4 Augenpaare aus dem Nori-Blatt ausschneiden. Aus der Tomatenscheibe mithilfe einer Ausstechform 4 Blumen ausstechen.

1 Ei in eine geölte Pfanne schlagen und so lange bei niedriger Temperatur braten, bis das Eiweiß stockt. Auf einen Teller gleiten lassen und mit einer Ausstechform oder einer umgedrehten Schale einen Kreis ausstechen. Auf das Eigelb das Oval aus Crêpe mit seiner Nase geben. Die Nori-Augen, 3 schwarze Sesamsamen für jeden Fuß, 1 Tropfen Ketchup für die Wangen und 1 Tomaten-Blume anfügen. Den Vorgang mit den 3 anderen Eiern wiederholen.

Den Reis auf die Bento-Schalen verteilen und die Gemüse-Fleisch-Masse daraufgeben. Jede Schale mit einem Küken-Ei garnieren.

Gebratene Tofu-Röllchen

- 100 g fester, abgetropfter Tofu
- 1 TL frisch geriebener Ingwer
- 1 EL Sojasauce
- 1 EL Mirin
- 1 EL geröstetes Sesamöl
- ½ EL Gomashio (im Bio-Laden)
- Erdnussöl zum Braten
- 4 halbierte Salatblätter
- ½ geriebene Möhre
- ¼ geschälte, in feine Stifte geschnittene Salatgurke

Den Tofu in 8 Rechtecke von 1 x 4 cm schneiden. In einer Schale Ingwer, Sojasauce, Mirin, Sesamöl und Gomashio verrühren.

Erdnussöl erhitzen und die Tofu-Rechtecke von jeder Seite 2 Minuten anbraten. Die Sauce über die Tofu-Stücke geben und einkochen lassen. Die Pfanne von der Kochplatte nehmen.

Auf jede Salatblatthälfte 1 Tofu-Stück, etwas geriebene Möhre und 1 Gurkenstift geben. Einrollen.

Salat mit Sprossen

- 1 EL Sojasauce
- 1 EL Balsamico-Essig
- 1 EL Olivenöl
- 1 Handvoll Alfalfa (im Bio-Laden)
- 2 EL Maiskörner aus der Dose

In einer Schale Sojasauce, Essig und Öl mit dem Schneebesen verrühren. In einer zweiten Schale das Alfalfa mit den Maiskörnern vermengen. Mit der Sauce servieren.

Dekorative Kiwi

- 2 Kiwis

Mit der Klinge eines kleinen Messers einen schrägen Schnitt von 1 cm durchführen und die Kiwi dabei bis zur Mitte einschneiden; dann dreiecksförmig schräg in die andere Richtung schneiden. So fortfahren, bis zwei interessant geformte Hälften entstanden sind. Mit der zweiten Kiwi ebenso verfahren.

Garnierung

- Kirschtomaten
- Buttergebäck (siehe S. 35, aber ohne Himbeerkonfitüre)

Pinguin-Reisburger

Pinguin-Reisburger

Vorbereitungszeit:
40 Minuten
Kochzeit: 25 Minuten

Reisburger

- 1 geschälte Möhre
- 1 Nori-Blatt
- 2 große Schalen gekochter, heißer Reis (siehe „Reis kochen" S. 12)
- Salz
- 1 Hähnchenschenkel ohne Knochen
- 4 Salatblätter

Für die Sauce
- 1 TL frisch geriebener Ingwer
- 2 EL Sojasauce
- 1 EL Reisessig
- ½ EL Gomashio (im Bio-Laden) oder Sesamsamen

Von der Möhre 2 Lamellen abschneiden und 1 Minute in kochendes Salzwasser geben. Abtropfen lassen und dann aus jeder Lamelle 8 kleine Dreiecke und 8 Schwimmfüße ausschneiden. Den Rest der Möhre raspeln.

Für die Augen aus dem Nori-Blatt 8 kleine Scheiben ausschneiden. Den Rest vom Blatt in 4 Streifen schneiden. Für den Pinguinkopf jeden Streifen auf die Hälfte falten und an einer Längsseite einen Kreisbogen herausschneiden.

Den Reis in einer Schüssel vorsichtig mit 2 Prisen Salz vermischen. Eine kleine, flache Schale mit Klarsichtfolie auslegen. Einen guten Esslöffel Reis hineingeben und mit angefeuchteten Händen andrücken, sodass eine Halbkugel entsteht. Die Folie vorsichtig abziehen. Auf diese Weise 8 Halbkugeln aus Reis erstellen.

Alle Zutaten für die Sauce in einer Schale verrühren.

Hähnchenschenkel in 4 Stücke schneiden und 5 Minuten mit der Hautseite nach unten in einer erhitzten Pfanne bei mittlerer Temperatur braten. Wenden und weitere 4 Minuten braten. Mit der Sauce ablöschen. Die Pfanne von der Kochplatte nehmen.

1 Halbkugel Reis mit 1 Salatblatt, geraspelter Möhre und 1 Hähnchenstück anrichten. Den Burger mit einer weiteren Halbkugel aus Reis abschließen. Für den Kopf die obere Halbkugel mit dem halbkreisförmig eingeschnittenen Streifen aus Nori bedecken.

Die Nori-Augen und 2 zu einem Schnabel verbundene Möhren-Dreiecke aufbringen. Die Schwimmfüße aus Möhre unten am Burger anbringen. In derselben Weise die drei anderen Burger fertigstellen.

Rohkost mit Mozzarella-Kräuter-Sauce

- ¼ Salatgurke
- 8 Kirschtomaten
- 1 TL schwarze Sesamsamen

Für die Sauce
- 1 Kugel Büffelmozzarella
- 1 Handvoll Kräuter (Koriander, Petersilie, Basilikum, Rucola …)
- 1 TL Zitronensaft
- 1 Spritzer Olivenöl
- Salz, Pfeffer aus der Mühle

Für die Sauce den Mozzarella bis auf eine dünne Scheibe in eine Küchenmaschine geben. Die restlichen Zutaten dazugeben und so lange mischen, bis eine cremige Sauce entstanden ist.

Die Salatgurke schälen und in Stifte schneiden. Die Kirschtomaten waschen. Mit einem dünnen Strohhalm 8 Kreise aus der Mozzarella-Scheibe stanzen. Auf jeden Kreis 1 schwarzen Sesamsamen legen. Diese Augen auf den Radieschen-Kraken anbringen.

Rohkost mit der Sauce servieren.

Mini-Financiers mit Himbeeren

- 3 Eiweiße
- 90 g Halbvollkornmehl
- 40 g Mandelpulver
- 100 g Streuzucker
- ½ TL Salz plus 1 Prise
- 90 g zerlassene Butter
- 120 g Himbeeren
- 10 g Mandelblättchen

Den Backofen auf 180 °C vorheizen.

Eiweiße mit einer Prise Salz steif schlagen. Mehl, Mandelpulver, Zucker und ½ Teelöffel Salz in einer Schüssel vermengen. Die geschmolzene Butter zugeben und untermischen. Anschließend vorsichtig das geschlagene Eiweiß unterheben.

Die Masse auf Financier-Formen verteilen. Himbeeren und Mandelblättchen daraufgeben. Im Backofen 15 Minuten backen. Vor dem Herausnehmen aus den Formen abkühlen lassen.

Garnierung

- Radieschen-Kraken (siehe Rezept S. 47)
- Salatblätter

Mimi,
der Frosch

Vorbereitungszeit:
30 Minuten
Kochzeit: 18 Minuten

Mimi, der Frosch

Für den Frosch

- ½ Brokkoli
- 1 Nori-Blatt
- 3 Scheiben fester Mozzarella
- 2 große Schalen gekochter, heißer Reis (siehe „Reis kochen" S. 12)
- Salz

Brokkoliröschen vom Strunk trennen und waschen, dann 5 Minuten in kochendem Salzwasser garen. Unter kaltem Wasser abschrecken und abtropfen lassen.

Mit einem Stanzer 4 Augenpaare aus dem Nori-Blatt herausstanzen.

Aus dem Mozzarella mit einer Ausstechform 8 Scheiben von ca. 1,5 cm Durchmesser herausstechen. Für die Froschaugen auf jede Scheibe 1 Nori-Auge setzen.

Aus dem restlichen Mozzarella 4 Mäuler und 8 kleine Scheiben für die Froschwangen herausschneiden.

Brokkoliröschen fein hacken. In einer Schüssel den Reis vorsichtig mit 4 Prisen Salz und Brokkoli vermischen. Ein Viertel der Masse auf eine Klarsichtfolie geben und darin einwickeln, dabei in eine leicht ovale Form bringen. Dann mit dem Daumen auf einer Seite etwas eindrücken, damit die Augenpartie hervortritt. Folie abziehen. Die anderen drei Frösche auf dieselbe Weise formen.

Auf jedem Frosch Augen, Maul und Wangen platzieren.

Tipp!
Sie können den Brokkoli durch Spinat oder Algenflocken ersetzen - auch diese geben eine schöne froschgrüne Farbe.

Süßkartoffel

- 1 kleine Süßkartoffel
- gesüßte Sojasauce
- Salz

Süßkartoffel schälen und waschen, dann 4 Scheiben von 1 cm Dicke abschneiden. Mit Ausstechern Formen aus den Süßkartoffelscheiben herausstechen und diese 5 Minuten in kochendes Salzwasser geben. Abtropfen lassen. Mit der gesüßten Sojasauce servieren.

Grüne Bohnen mit Speck

- 1 Handvoll grüne Bohnen
- Salz
- 8 Scheiben gesalzener Bauchspeck

Grüne Bohnen putzen und waschen, dann in Stücke von 4 cm Länge schneiden. 8 Minuten in kochendes Salzwasser geben, danach unter kaltem Wasser abschrecken und abtropfen lassen.

1 Scheibe Bauchspeck mit ca. 5 Bohnenstücken darauf aufrollen. So weiter verfahren, bis alle Zutaten aufgebraucht sind.

Die Speckröllchen in einer heißen beschichteten Pfanne unter regelmäßigem Wenden ca. 2 Minuten anbraten.

Garnierung

- Runde Radieschen
- Japanisches Omelett (siehe Rezept S. 14)
- 1 geviertelte Orange
- Buttergebäck (siehe S. 35, aber ohne Himbeerkonfitüre)

31

32

Bären-Sandwich

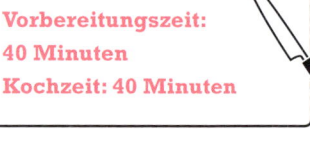

Vorbereitungszeit:
40 Minuten
Kochzeit: 40 Minuten

Club-Sandwich

- 2 Eier
- 4 Scheiben gesalzener Bauchspeck
- 1 Nori-Blatt
- 6 entsteinte schwarze Oliven
- 8 Scheiben Halbvollkorn-Toastbrot
- 1 Tomate
- 4 Salatblätter
- 4 EL hausgemachte Mayonnaise

Eier 10 Minuten in kochendem Wasser kochen, unter kaltem Wasser abschrecken, pellen und in Scheiben schneiden.

Den Bauchspeck in einer Pfanne ohne Fett scharf anbraten.

4 Augenpaare und 4 Schnauzen aus dem Nori-Blatt herausschneiden. Die Oliven halbieren, sodass 8 Ohren und 4 Nasen entstehen.

Tomate waschen und in Scheiben schneiden. Salatblätter waschen.

Die Brotscheiben leicht antoasten. 1 Scheibe mit Mayonnaise bestreichen und darauf ein Viertel des Belags geben (Salat, Tomate, Bauchspeck, Ei). Eine weitere Scheibe Toast auflegen. Das Sandwich vierteln und die Viertel übereinander schichten. Die Oberfläche des obersten Viertels mit Ohren, Augen, Schnauze und Nase dekorieren. Zum Abschluss einen Tupfer Mayonnaise auf die Nasenspitze setzen. Auf dieselbe Weise 3 weitere Club-Sandwiches herstellen.

Zucchini-Mousse mit Ricotta

- 1 Zucchini
- 1 Frühlingszwiebel
- Olivenöl
- 100 g Ricotta
- 1 Ei
- Salz, Pfeffer aus der Mühle

Den Backofen auf 160 °C vorheizen.

Zucchini waschen und in Scheiben schneiden. Frühlingszwiebel schälen und hacken.

Zucchinischeiben mit der Frühlingszwiebel in einer geölten Pfanne 5 Minuten anbraten, dabei gelegentlich umrühren. Das Bratgut abkühlen lassen, bis es nur noch lauwarm ist, und mit dem Ricotta pürieren. Die Masse in eine Schüssel umfüllen. Ei, Salz und Pfeffer dazugeben. Mit dem Schneebesen verquirlen, bis eine homogene Masse entstanden ist.

Das Mousse in Einzelförmchen oder eine größere Form geben und 15 Minuten backen.

Himbeerplätzchen

- 110 g Mehl
- 50 g Streuzucker
- 1 Eigelb
- 1 Prise Salz
- 60 g weiche Butter
- Himbeerkonfitüre

Den Backofen auf 180 °C vorheizen.

Mehl, Zucker, Eigelb und Salz in einer Schüssel verrühren. Die Butter mit den Fingerspitzen einarbeiten und alles sorgfältig verkneten, bis eine homogene Masse entstanden ist. Eine Kugel formen und diese mit einem Nudelholz auf Backpapier ausrollen. Mit Backpapier abdecken.

Die obere Lage Backpapier abnehmen und mit der gewünschten Ausstechform Plätzchen ausstechen. Aus der Hälfte der Plätzchen mit einer kleineren Ausstechform das Innere entfernen, sodass ringförmige Plätzchen entstehen.

Die Plätzchen auf ein Backblech geben und 12 Minuten backen, bis sie leicht angebräunt sind. Abkühlen lassen. Die Plätzchen mit Himbeerkonfitüre bestreichen und jeweils ein gelochtes Plätzchen darauflegen.

Garnierung

- Brokkoli (siehe Rezept S. 19)
- Süßkartoffel (siehe Rezept S. 31)
- Gelbe und rote Kirschtomaten
- Himbeeren

Bento Onigiri

Vorbereitungszeit:
45 Minuten
Kochzeit: 20 Minuten
Ruhezeit: 50 Minuten

Für 4 Bento

Onigiri mit lächelndem Gesicht

- 1 gekochte Möhrenlamelle
- 1 Nori-Blatt
- 2 große Schalen gekochter, heißer Reis (siehe „Reis kochen" S. 12)
- Salz

Als Wangen mit einem dünnen Strohhalm 8 Kreise aus der Möhrenlamelle ausschneiden. Aus dem Nori-Blatt 4 Münder ausschneiden und mit einem Stanzer 4 Augenpaare herausstanzen.

Den Reis in einer Schüssel vorsichtig mit 4 Prisen Salz vermischen. Mit angefeuchteten Händen 4 Dreiecke aus dem Reis formen (siehe S. 60).

Auf jedem Reis-Dreieck die Augen und den Mund aus Nori sowie die Möhrenscheibchen als Wangen platzieren.

Hühnchen Yakitori

- 200 g Hähnchenschenkel ohne Knochen
- 3 EL Yakitori-Sauce (im Asia-Laden oder im gut sortierten Supermarkt)
- Sonnenblumenöl

Das Hähnchenfleisch in 3 cm große Würfel schneiden. Die Yakitori-Sauce in eine große Schale füllen und die Fleischwürfel im Kühlschrank 20 Minuten darin marinieren.

Öl in einer Pfanne erhitzen. Die Hähnchenwürfel abtropfen lassen und anbraten, bis sie schön braun sind. Die Marinade dazugeben und 1–2 Minuten unter ständigem Rühren die Sauce einkochen lassen.

Gemüse mit Sesamsauce

- 100 g kleine Möhrchen
- 80 g Brokkoli in Röschen
- 80 g Zuckererbsen
- Salz

Für die Sesamsauce
- 2 EL Sesammus (im Bio-Laden)
- 1 TL Reisessig
- ½ EL Sojasauce
- 1 EL Gemüsebrühe

Für die Sesamsauce das Sesammus mit Reisessig und Sojasauce in einer Schale verrühren. Brühe dazugeben und alles erneut verrühren.

Möhrchen 3 Minuten in kochendes Salzwasser geben. Brokkoli und Zuckererbsen zufügen und weitere 5 Minuten kochen.Das Gemüse unter kaltem Wsser abschrecken und abtropfen lassen. Mit der Sesamsauce servieren.

Salat aus Salatgurke und Radieschen

- ⅓ geschälte, gewürfelte Salatgurke
- 2 Prisen Salz
- 2 in Scheiben geschnittene Radieschen
- 1 EL Sesamöl
- 1 EL Reisessig
- 2 gehackte Stängel Schnittlauch

Die Salatgurke zum Entwässern mit dem Salz für 30 Minuten in eine Schüssel geben. Dann in einer Schale mit den Radieschen mischen. Mit Sesamöl und Reisessig beträufeln und mit Schnittlauch garnieren.

Gemüse-Omelette

- ½ Möhre
- 60 g gewürfelte grüne Bohnen
- 2 Eier
- Salz, Pfeffer aus der Mühle
- Olivenöl

Möhre schälen und waschen. Mit einem kleinen Kugelausstecher Möhrenkugeln ausstechen. Grüne Bohnen und Möhrenkugeln 5 Minuten in kochendes Salzwasser geben. Unter kaltem Wasser abschrecken, dann abtropfen lassen.

Die Eier in eine Schale schlagen. Das Gemüse dazugeben und umrühren. Salzen und pfeffern.

Öl in eine Pfanne geben, Ausstechformen nach Belieben in die Pfanne setzen. Die Gemüse-Ei-Mischung in die Formen geben und bei niedriger Temperatur backen. Wenn das Ei fest ist, die Ausstechformen entfernen und die Omelettes wenden. Nach einigen Sekunden aus der Pfanne nehmen.

Garnierung

- Melonenscheiben
- Himbeeren

Blumen-Bento

Blumen-Bento

Für 4 Bento

Vorbereitungszeit:
50 Minuten
Kochzeit: 25 Minuten
Ruhezeit: 30 Minuten

Blumen-Onigiri

- 2 große Schalen gekochter, heißer roter Reis (siehe „Reis kochen" S. 12)
- Salz
- ¼ Daikon-Rettich
- Schwarze Sesamsamen

Den roten Reis in einer Schüssel vorsichtig mit 2 Prisen Salz vermischen. Den Reis mit einem Ausstecher (vorher anfeuchten, damit der Reis nicht festklebt) formen. Ist keine Ausstechform zur Hand, kleine Kugeln oder Dreiecke formen wie auf S. 60 beschrieben.

Den Rettich schälen und in dünne Scheiben schneiden. Die Formen mit einer Ausstechform oder einem Messer ausschneiden. Auf den Reis geben und mit schwarzen Sesamsamen dekorieren.

Süßkartoffel mit Kräuterbutter

- ½ Süßkartoffel
- 20 g Kräuterbutter (siehe Rezept S. 10)

Süßkartoffel schälen, waschen und in 1,5 cm dicke Scheiben schneiden. Die Formen mit einer Ausstechform oder einem Messer aus den Scheiben ausschneiden und 5 Minuten in kochendes Salzwasser geben. Abtropfen lassen.

Die Süßkartoffel in die Bento-Schalen geben und eine Scheibe Kräuterbutter (die auch mit einem Ausstecher geformt werden kann) darauflegen.

Frittierte Gambas

- 12 Gambas
- 8 EL Panko oder Paniermehl
- 4 EL Mehl
- 1 Ei
- Öl zum Frittieren
- Tonkatsu-Sauce (im Asia-Laden) oder Ketchup

Gambas bis auf die Schwanzflosse schälen. Den Rücken einschneiden und den schwarzen Darmfaden entfernen.

Paniermehl und Mehl jeweils auf einen Teller geben. Das Ei auf einem dritten Teller aufschlagen. Die Gambas zunächst in Mehl, dann im geschlagenen Ei und zuletzt im Paniermehl wälzen.

Öl in einm Wok erhitzen und die Gambas ca. 3 Minuten fritieren, bis sie leicht angebräunt sind. Auf Küchenpapier abtropfen lassen. Mit Tonkatsu-Sauce servieren.

Radieschensalat

- ¼ Daikon-Rettich
- 4 Radieschen
- 1 EL geröstetes Sesamöl
- 1 EL Sojasauce
- 1 EL Zitronensaft

Den Rettich schälen und in Lamellen schneiden. Mit Ausstechern Formen ausstechen oder würfeln.

Radieschen putzen, waschen und in Scheiben schneiden (oder mit einem Kugelausstecher Kugeln formen).

In einer Schale Sesamöl, Sojasauce und Zitronensaft verrühren.

Rettich und Radieschen in einer Schüssel mit der Vinaigrette vermischen.

Tartelettes mit Mascarpone und Himbeeren

- 1 Mürbeteig (ca. 230 g)
- 4 EL Mascarpone
- 1 ½ EL Streuzucker
- 80 g Himbeeren

Den Backofen auf 180 °C vorheizen.

Den Teig auf der Arbeitsfläche ausrollen und Kreise in der Größe von Tartelette-Förmchen ausschneiden. 1 Teigkreis in jede Form geben. 15 Minuten backen (aus dem restlichen Teig mit Ausstechern hübsche Formen ausstechen und zusammen mit den Tartelettes backen). Abkühlen lassen.

In einer Schale Mascarpone und Zucker kräftig verrühren. Auf die Tartelette-Böden verteilen. Die Tartelettes mit Himbeeren verzieren.

Garnierung

- Brokkoli (siehe S. 19)
- 80 g Gemüse mit Sesamsauce (siehe S. 38)
- Endiviensalat
- Mangomousse (siehe S. 10)

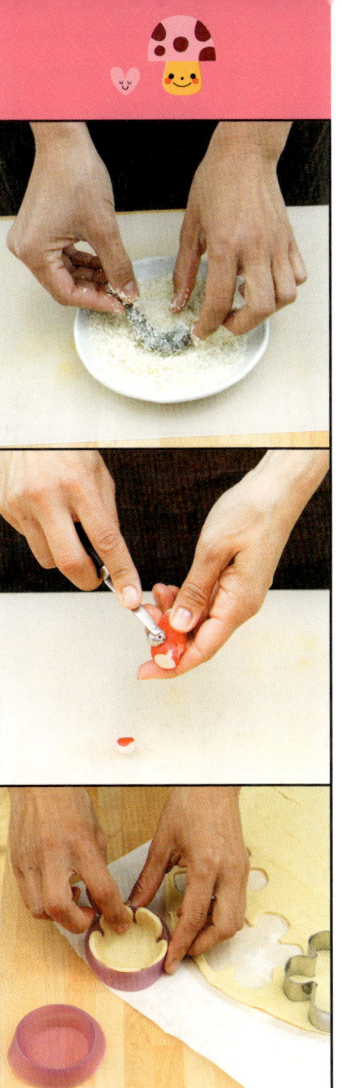

 Tipp!
Für Tartelettes in Blütenform nutzen Sie Ausstechformen für Blumen mit langen Blütenblättern.

Kleine Fische

Kleine Fische

Für 4 Bento

Soba-Nudeln mit Algenpesto

- 2 Scheiben Räucherlachs
- 1 Nori-Blatt
- 320 g Soba-Nudeln (im Asia- oder im Bio-Laden)

Für das Pesto
- 10 g Algenflocken (im Bio-Laden)
- 10 g Mandeln
- 20 g Parmesan
- 2 EL Zitronensaft
- 10 cl Wasser
- 10 cl Olivenöl
- Salz, Pfeffer aus der Mühle

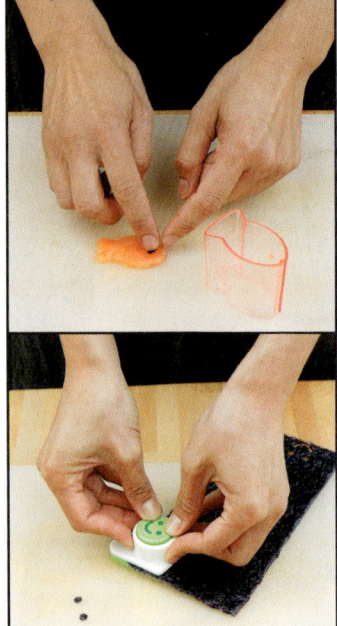

Für das Algenpesto Algenflocken, Mandeln, Parmesan, Zitronensaft, Wasser und Olivenöl in einer Küchenmaschine vermischen. Nur wenig salzen (Algen und Parmesan sind an sich schon salzig) und pfeffern.

Für die Fische den Räucherlachs mit einer Ausstechform oder einem Messer in Form eines Fisches schneiden.

Mit einem Stanzer kleine Kreise aus dem Nori-Blatt herausstanzen. Als Augen auf die Fische setzen.

Soba-Nudeln entsprechend der Packungsanweisung in reichlich kochendem Salzwasser garen. Unter kaltem Wasser abschrecken und abtropfen lassen. In eine Schüssel geben. Das Algenpesto dazugeben und umrühren.

Die Soba-Nudeln in die Bento-Schalen geben und darauf die Fischchen aus Räucherlachs setzen.

Gebratener Spargel

- 8 Stangen grüner Spargel
- Olivenöl
- Salz

Die harten Spargelenden abschneiden. Den Spargel waschen und in 5 cm lange Stücke schneiden.

Spargel mit Olivenöl in einer Pfanne 2 Minuten anbraten. Salzen, etwas Wasser hinzufügen und den Deckel auflegen. 4 Minuten dünsten, bis das Wasser verkocht ist.

Eier in Fischform

- 4 Eier

Eier 10 Minuten in kochendes Wasser geben. Den Topf von der Kochplatte nehmen und den Deckel auflegen, damit das Wasser warm bleibt. 1 Ei herausnehmen und pellen. Vorsichtig in einen Eierformer geben und diesen behutsam schließen. Das Ei ist weich genug, die Form anzunehmen, ohne zu zerplatzen. Die Form mit dem Ei ca. 10 Minuten in kaltes Wasser geben, dann das Ei herausnehmen.

Diese Vorgehensweise mit den restlichen Eiern wiederholen.

Radieschen-Krake

- 4 Radieschen
- 1 Scheibe fester Mozzarella
- Schwarze Sesamsamen

Für eine Radieschen-Krake das Radieschen mit der Klinge eines kleinen Messers über drei Viertel der Länge durchschneiden. Das Radieschen drehen und den Vorgang wiederholen. Mit insgesamt 4 Schnitten entstehen die 8 Tentakel. Mit den anderen drei Radieschen ebenso verfahren.

Clementinen-Creme

- Saft und Zesten von 2 Clementinen
- 1 geschlagenes Ei
- 1 EL Maisstärke
- 30 g Streuzucker

Den Saft der Clementinen in einen Topf geben. Zucker, das geschlagene Ei und Maisstärke hinzufügen. Bei niedriger Temperatur erhitzen. Mit dem Schneebesen aufschlagen. Den Topf von der Kochplatte nehmen, sobald die Masse beginnt dickflüssig zu werden.

Tipp!
Achten Sie darauf, dass die Eier noch warm sind, wenn sie in die Form kommen.

Die Creme auf Back- oder Auflaufförmchen verteilen und mindesten 1 Stunde im Kühlschrank kalt werden lassen.

Vor dem Servieren mit Zesten der Clementinen verzieren.

Garnierung

- Butterplätzchen (siehe Rezept S. 35, aber ohne Himbeerkonfitüre)

Bento Gyoza

Bento Gyoza

Vorbereitungszeit:
55 Minuten
Kochzeit: 25 Minuten

Gyoza

- 1 Packung Gyoza-Teigplatten (im Asia-Laden) oder Eier-Ravioli-Teig
- Sesamöl zum Braten

Für die Sauce
- 3 EL Reisessig
- 3 EL Sojasauce

Für die Füllung
- 120 g Grünkohl
- 120 g Schweinehackfleisch
- 1 gehackte Frühlingszwiebel
- 1 gehackte Knoblauchzehe
- 1 TL frisch geriebener Ingwer
- 3 EL Sojasauce
- 3 TL Sesamöl
- Salz, Pfeffer aus der Mühle

Für die Sauce den Reisessig mit der Sojasauce in einer Schale verrühren.

Für die Füllung die Kohlblätter waschen und 1 Minute in kochendem Wasser blanchieren. Abtropfen lassen und fein schneiden.

In einer Schüssel Hackfleisch und Kohl vermengen. Dann die restlichen Zutaten der Füllung hinzugeben.

1 gehäuften Teelöffel Füllung mittig auf jede Gyoza-Teigplatte setzen. Die Teigplatte halbmondförmig zusammenklappen, dabei die Ränder der oberen Hälfte anfeuchten und so wenig Luft wie möglich mit einschließen. Ringsherum andrücken und anschließend die Ränder fälteln, damit die Teigtasche gut geschlossen ist.

Die Gyoza-Teigtaschen mit etwas Sesamöl in einer heißen Pfanne bei mittlerer Temperatur ohne Wenden 5 Minuten anbraten. Bis zur halben Pfannenhöhe Wasser zuschütten, den Deckel auflegen und bei hoher Temperatur kochen lassen, bis das Wasser vollständig verdunstet ist. Den Deckel abnehmen und 1 Minute weiterkochen. Mit der Sauce servieren.

Yaki-Udon

- 300 g Udon-Nudeln (im Asia- oder im Bio-Laden)
- ¼ rote Paprika
- ¼ gelbe Paprika
- 1 kleine Zucchini
- Sonnenblumenöl
- 1 TL zerkleinerter frischer Ingwer
- 4 EL Yakisoba-Sauce (im Asia-Laden)

Udon-Nudeln entsprechend der Packungsanweisung in kochendem Salzwasser garen. Unter kaltem Wasser abschrecken und abtropfen lassen.

Die Samen der Paprika entfernen. Zucchini waschen und in Lamellen schneiden. Das Gemüse mit Formen ausstechen oder in feine Stifte schneiden. Öl bei hoher Temperatur in einem Wok erhitzen und Gemüse sowie Ingwer 5 Minuten anbraten. Nudeln dazugeben und alles 1 Minute weiterbraten. Mit Yakisoba-Sauce abschmecken.

Dicke-Bohnen-Spieße

- 1 Handvoll frische dicke Bohnen
- grobes Salz

Dicke Bohnen palen. 3 Minuten in kochendem Salzwasser garen. In einer Schüssel mit Eiswasser abschrecken und abtropfen lassen. Die Bohnenkerne mit Daumen und Zeigefinger aus den Häuten drücken. 4 Spieße mit jeweils 5 bis 6 Bohnen herstellen.

Radieschenpilze

- 4 runde Radieschen
- 4 Kugeln Mozzarella (in Einkaufszentren)

Radieschen waschen und halbieren. Die Mozzarellakugeln ebenfalls halbieren. Mit einer kleinen, runden Ausstechform (oder mit einem Messer) die Oberfläche der Radieschen an mehreren Stellen einstanzen. 1 Radieschenhälfte und 1 Mozzarella-Halbkugel so zusammensetzen, dass sie einen Pilz bilden.

Garnierung

- Japanisches Omelett (siehe Rezept S. 14)
- Mangomousse (siehe Rezept S. 10)
- Endiviensalat
- Erdbeeren

Pst! Er schläft ...

Schlafender Bär

Vorbereitungszeit:
50 Minuten
Kochzeit: 25 Minuten
Ruhezeit: 30 Minuten

- 4 Möhrenlamellen
- 1 Scheibe fester Mozzarella
- 2 Nori-Blätter
- 8 Lamellen eingelegter Ingwer
- 3 Schalen gekochter, heißer Reis (siehe „Reis kochen" S. 12)
- Salz
- 4 Salatblätter
- 4 japanisches Crêpes (siehe Rezept S. 14)

Die Möhrenlamellen 4 Minuten in kochendes Salzwasser geben. Unter kaltem Wasser abschrecken und abtropfen lassen. Mit einer Ausstechform oder einem Messer Sterne oder Herzen ausschneiden.

Aus der Mozzarellascheibe 4 Ovale für die Schnauze ausschneiden. Für Schnauze und geschlossene Augen 8 dünne Streifen von 1 cm Länge aus dem Nori-Blatt ausschneiden. Mithilfe einer kleinen, runden Ausstechform 16 Kreise aus den Ingwerlamellen ausstechen.

Den Reis in einer Schüssel vorsichtig mit 4 Prisen Salz vermischen. 1 großen Esslöffel Reis auf Klarsichtfolie geben und zu einer leicht ovalen Form einwickeln (für den Kopf). Die Folie abziehen. Auf dieselbe Weise 2 kleine, flache Reisbällchen für die Ohren formen. Für die beiden Tatzen jeweils mit angefeuchteten Händen eine kleine Menge Reis so in der hohlen Hand rollen, dass ein ovales Bällchen entsteht. Mit dem restlichen Reis für die 3 anderen Bären ebenso verfahren.

Die Bento-Form mit einem Salatblatt auslegen. Den Kopf auflegen, die Ohren anbringen und die restliche Fläche der Form mit einem japanischen Crêpe für die Bettdecke ausfüllen (falls erforderlich auf das entsprechende Maß zuschneiden). Das japanische Crêpe mit den Möhren-Sternen dekorieren. Anschließend die beiden Bärentatzen, die Augen aus Nori und die Schnauze (aus Mozzarella und Nori) platzieren. Auf einer Tatze bilden 4 Scheiben des eingelegten Ingwer die Ballen. Für die drei anderen Bären ebenso verfahren.

Frittierter Tofu

- 200 g abgetropfter fester Tofu
- 1 zerdrückte Knoblauchzehe
- 1 TL frisch geriebener Ingwer
- 2 EL Sojasauce
- ½ EL Sake (nach Belieben)
- 1 Teller Kartoffelstärke
- Öl zum Frittieren

Tofu in 2 cm dicke Scheiben schneiden. Anschließend mit Ausstechform oder Messer Formen ausschneiden. In einer Schale die Tofustücke mit Knoblauch, Ingwer, Sojasauce und Sake vermengen. 30 Minuten im Kühlschrank marinieren. Tofu abtropfen lassen und in Kartoffelstärke wälzen.

Öl im Wok erhitzen und die Tofustücke in mehreren Durchgängen ca. 5 Minuten frittieren, bis sie goldbraun sind. Auf Küchenpapier abtropfen lassen.

Spinat mit Sesamsauce

- 400 g frischer Spinat
- 4 EL Sesamsauce (siehe Rezept S. 38)
- 1 EL Sesamsamen
- Salz

Spinat waschen und putzen. 1 Minute in kochendem Salzwasser blanchieren und dann unter kaltem Wasser abschrecken. Sorgfältig mit den Händen ausdrücken.

Den Spinat mit Sesamsauce und Sesamsamen servieren.

Clementinen-Tartelettes

- 1 Mürbeteig
- 4 EL Clementinen-Creme (siehe Rezept S. 47)
- 4 Viertel einer geschälten Clementine

Den Backofen auf 180 °C vorheizen. Den Teig ausrollen und 4 Kreise in der Größe von Tartelette-Förmchen ausschneiden. Jeweils 1 Teigkreis in 1 Form geben. 15 Minuten backen. Abkühlen lassen. Die Clementinen-Creme auf den abgekühlten Tartelettes verteilen. Jedes Tartelette mit einem Clementinenviertel dekorieren.

Garnierung

- gekochte Kichererbsen
- Kirschtomaten

Lustige Onigiri-Variationen

Rotbäckchen

Schäfer

Tiger

Krabbe

Bär

Igel

Pinguin

Kleines Mädchen

57

Rotbäckchen

- 1 Möhrenlamelle
- 1 Scheibe fester Mozzarella
- 1 Schale gekochter, gesalzener, heißer roter Reis
  (siehe S. 12)
- 4 gekochte grüne Erbsen
- Ketchup

Aus der Möhrenlamelle 2 schmale Bänder schneiden. Mit einem Strohhalm 4 Kreise aus dem Mozzarella stechen.

Die Hälfte der Reismenge in Klarsichtfolie einwickeln und zu einer flachen Kugel formen. Die Folie abziehen.

2 grüne Erbsen als Augen aufsetzen. Mit einem Möhrenstreifen den Mund formen und 2 Mozzarella-Kreise mit einem Tupfer Ketchup darauf als Wangen platzieren.

Für das zweite Rotbäckchen ebenso verfahren.

Krabbe

- ½ gekochte Möhre in Lamellen
- 1 Nori-Blatt
- 2 gekochte Cocktailwürstchen
- 2 Schalen gekochter, gesalzener, heißer Reis
  (siehe S. 12)

Für die Augen mit einem Strohhalm 4 kleine Kreise aus einer Möhrenlamelle ausstechen sowie 12 feine Stifte schneiden. Den Rest der Möhre in kleine Stücke schneiden.

Zur Vervollständigung der Krabbenaugen mit einem Stanzer 4 kleine Kreise aus den Nori-Blatt herausstanzen.

Die Würstchen jeweils halbieren, dabei bis zur Mitte schräg einschneiden, dann neu ansetzen und in anderer Richtung schräg schneiden, sodass eine dreieckförmige Schnittstelle entsteht.

Reis und zerkleinerte Möhre in einer Schüssel vermengen. Mit angefeuchteten Händen die Hälfte der Reismenge leicht zu einer ovalen, flachen Kugel zusammendrücken. Mit der anderen Hälfte ebenso verfahren.

Für die Augen auf jedem Reisbällchen 2 Möhrenscheibchen und darauf jeweils einen Nori-Kreis setzen. Für die Beine auf jeder Seite 3 Karottenstifte ansetzen und die Würstchen als Zangen mit Spießen befestigen.

Schäfer

- 4 Spinatblätter
- 1 Radieschen
- 1 Nori-Blatt
- 2 Schalen gekochter, gesalzener, heißer Reis
  (siehe S. 12)

Spinatblätter waschen und 1 Minute in kochendem Salzwasser blanchieren. Abtropfen lassen.

Als Wangen 4 Scheibchen aus dem Radieschen schneiden. Mit einem Stanzer aus dem Nori-Blatt 2 Augenpaare, 2 Nasen und 2 Münder herausstanzen.

2 Reis-Dreiecke, wie auf Seite 60 beschrieben, formen.

Die obere Spitze jedes Dreiecks mit 2 Spinatblättern bedecken. Augen, Nase und Mund aus Nori sowie Wangen aus Radieschen aufsetzen.

Tiger

- 1 Scheibe fester Mozzarella
- 1 Nori-Blatt
- 1 Schale gekochter, gesalzener, heißer Safran- oder weißer Reis (siehe S. 12)
- 1 gekochtes Cocktailwürstchen in Scheiben

2 Kreise von ca. 1 cm Durchmesser aus der Mozzarellascheibe herausschneiden. Aus dem Nori-Blatt 2 Augenpaare, 2 Nasen und 2 Münder und aus dem Rest dünne Streifen schneiden.

Die Hälfte des Reises in Klarsichtfolie wickeln und eine flache Kugel formen. Die Folie abziehen.

1 Mozzarellascheibchen auf die Mitte der Kugel setzen, darauf Mund und Nase anbringen. Die Augen und 2 Nori-Streifen als Schnurrhaare aufsetzen. Mit Spießen 2 Würstchenscheiben als Ohren anstecken. Als Letztes oben auf den Tigerkopf 3 Nori-Streifen geben.

Bär

- 1 Scheibe fester Mozzarella
- 1 Nori-Blatt
- 2 Schalen gekochter, gesalzener, heißer Reis (siehe S. 12)
- 2 EL Katsuobushi (getrockneter Bonito, im Asia-Laden) oder Sesamsamen

Aus dem Mozzarella 2 Ovale von ca. 1,5 cm Länge schneiden. 2 Augenpaare und 2 Nasen aus dem Nori-Blatt ausschneiden.

Mit einem Ausstecher in Form eines Bären 2 Onigiri erstellen und mit Katsuobushi bedecken. Augen und Schnauze mit der Nase platzieren.

Igel

- 2 Schalen gekochter, heißer Reis (siehe S. 12)
- 2 EL Rinderhackfleisch mit Sesam (siehe Rezept S. 22, aber das Gemüse weglassen)
- 4 gekochte Erbsen
- Sesamsamen
- 4 gekochte dicke Bohnen

Die Hälfte des Reises in Klarsichtfolie wickeln und eine flache Kugel formen. Folie abziehen und die Reiskugel auf die Hälfte des Fleisches geben. Wieder in Folie wickeln und andrücken, damit der Reis am Fleisch haften bleibt. Folie abziehen.

Auf die Reisseite als Augen 2 halbe Erbsen mit schwarzen Sesamsamen daraufsetzen. Eine

ganze Erbse als Nase und 4 halbe dicke Bohnen als Beine platzieren.

Pinguin

- ½ Nori-Blatt
- 2 Schalen gekochter, gesalzener, heißer Reis (siehe S. 12)
- 1 Umeboshi-Pflaume (im Asia-Laden) oder 1 Kugel gekochte Rote Beete

Mit einem Stanzer aus dem halben Nori-Blatt 2 Augenpaare herausstanzen und den Rest in 2 Streifen schneiden. Für den Pinguinkopf jeden Streifen auf die Hälfte falten und an einer Längsseite einen Kreisbogen herausschneiden.

Die Umeboshi-Pflaume halbieren und den Kern entfernen.

Mit angefeuchteten Händen die Hälfte des Reises vorsichtig zu einer ovalen, flachen Kugel zusammendrücken. Mit der anderen Hälfte in gleicher Weise verfahren.

Beide Ovale an einer Längsseite mit einem Nori-Bogen bedecken. Die Augen aus Nori und den Schnabel aus der Umeboshi-Pflaume platzieren.

Kleines Mädchen

- 1 Nori-Blatt
- 1 japanisches Crêpe (siehe Rezept S. 14)
- 2 Schalen gekochter, gesalzener, heißer Reis (siehe S. 12)
- 1 EL Forellenrogen

Mit einem Stanzer aus dem Nori-Blatt 2 Augenpaare und 2 Münder herausstanzen.

Das Crêpe halbieren.

2 Reis-Dreiecke, wie auf Seite 60 beschrieben, formen.

Die obere Spitze jedes Dreiecks mit einem halben Crêpe bedecken. Augen und Nase aus Nori aufsetzen. Mit dem Forellenrogen die Haare ergänzen.

Vorbereitungszeit:
10 Minuten
Kochzeit: 3 Minuten

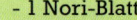

Für 4 Onigiri

- 1 Nori-Blatt
- 1 Scheibe fester Mozzarella
- 3 Eier
- Salz
- Sonnenblumenöl
- 4 kleine Schalen gekochter Reis (siehe „Reis kochen" S. 12)
- 8 gekochte Maiskörner
- Sojasauce oder Gomashio

Küken-Onigiri

Mit einem Stanzer 4 Augenpaare aus dem Nori-Blatt herausstanzen. Dann 24 Stäbchen herausschneiden.

Aus der Mozzarellascheibe 4 Flügelpaare ausschneiden.

In einer Schale die Eier mit 1 Prise Salz schlagen. Öl in einer beschichteten Pfanne erhitzen und die Eier hineingeben. Sobald die Eier zu stocken beginnen, umrühren und zu Rührei verarbeiten.

Rührei und Reis in einer Schüssel vermischen. Mit angefeuchteten Händen ein Viertel der Masse sanft zu einem Dreieck formen: Das Dreieck dabei in den Händen drehen und so auf alle 3 Ränder gleichmäßig Druck ausüben (ohne den Reis zu sehr zusammenzudrücken, damit die Körner nicht platzen). Mit der restlichen Reismasse 3 weitere Onigiri auf dieselbe Weise erstellen.

Auf jedem Dreieck die Augen und 6 Nori-Streifen als Füße anbringen. Mit 2 Maiskörnern den Schnabel formen und die Mozzarellastücke als Flügel aufsetzen. Mit Sojasauce oder Gomashio servieren.

Wauwau-Onigiri

Vorbereitungszeit:
20 Minuten
Kochzeit: 10 Minuten

Für 4 Onigiri

- 1 Nori-Blatt
- 1 Ei
- 2 EL Mehl
- 4 EL Panko (im Asia-Laden)
  oder Paniermehl
- 3 Schweineschnitzel à ca. 150 g
- Salz
- Öl zum Frittieren
- 4 kleine Schalen gekochter
  Reis (siehe „Reis kochen"
  S. 12)
- Krause Petersilie
- 10 cl Tonkatsu-Sauce (im Asia-
  Laden) oder Ketchup

Mit einem Stanzer 4 Augenpaare und 4 Schnauzen aus dem Nori-Blatt herausstanzen.

Das Ei in einen Suppenteller schlagen. Mehl und Panko jeweils auf einen Teller schütten.

Jedes Schnitzel in 3 Stücke schneiden (es werden nur 8 Stücke gebraucht). Salzen und nacheinander im Mehl, dem geschlagenen Ei und Panko wälzen (darauf achten, dass das Paniermehl gut anhaftet).

Öl in einem Wok erhitzen (zur Temperaturprobe ein Holzstäbchen in das Öl halten; wenn Bläschen um das Holz aufsteigen, ist das Öl heiß genug). Die Schnitzel ca. 5 Minuten anbraten, bis sie goldbraun sind. Am besten braten Sie das Fleisch in zwei Durchgängen. Auf Küchenpapier abtropfen lassen.

Den Reis in einer Schüssel vorsichtig mit 4 Prisen Salz vermischen. Mit angefeuchteten Händen ein Viertel des Reises vorsichtig zu einem Dreieck formen (siehe S. 60). 3 weitere Reis-Dreiecke auf diese Weise herstellen.

Rechts und links von jedem Onigiri 1 Stück paniertes Schweineschnitzel legen. Augen und Schnauze auf dem Reisdreieck platzieren und dann mit Petersilie dekorieren. Mit Tonkatsu-Sauce servieren.

Vorbereitungszeit:
20 Minuten
Kochzeit: 10 Minuten

Für 3 Onigiri

- ¼ Nori-Blatt
- 1 gepelltes hartgekochtes Ei
- 1 Scheibe gekochter Schinken
- 3 kleine Schalen gekochter, heißer Safranreis (siehe „Reis kochen" S. 12)
- Salz
- 2 Mandelblättchen
- 2 Salatblätter

Auf dem Bauernhof

Für die Kuh eine Ponyfrisur aus dem Nori-Blatt schneiden. Aus den Resten 3 Augenpaare herausstanzen und das Maul des Schafs ausschneiden. Das Ei in dünne Scheiben schneiben. Für die Mäuler von Kuh und Schwein aus dem Eiweiß 2 Ovale herausschneiden und beide mit jeweils 2 Löchern versehen.

Aus dem Schinken einen 1 cm breiten Streifen (für die Schweineöhrchen) sowie 4 kleine Kreise und einen Halbkreis von 2 cm Durchmesser (für das Schaf) herausschneiden. Den restlichen Schinken klein hacken.

Den Reis in einer Schüssel vorsichtig mit 3 Prisen Salz vermischen.

Für die Kuh: Ein Drittel des Reises in Klarsichtfolie wickeln und ein leicht ovales und abgeflachtes Bällchen formen. Folie abziehen. Pony und Augen aus Nori sowie das Maul aus Ei platzieren.

Für das Schwein: Den klein gehackten Schinken in einer Schüssel mit der Hälfte des verbliebenen Reises mischen. Eine abgeflachte Kugel formen. Den Schinkenstreifen halbieren und die Hälften aufrollen. An beiden Seiten der Reiskugel oben jeweils 1 Schinkenröllchen anlegen. Dann Augen und Maul platzieren.

Für das Schaf: Aus dem restlichen Reis ein ovales Bällchen formen. Gesicht und Füße aus Schinken platzieren und dann Augen und Maul aus Nori sowie die Mandelblättchen als Ohren aufbringen.

Mit Salat garniert servieren.

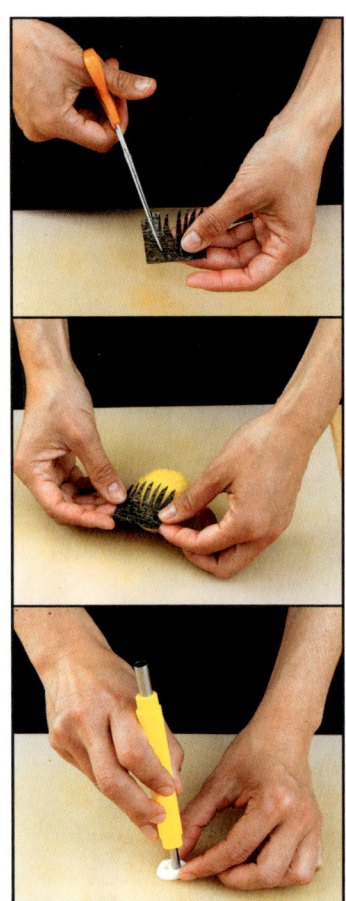

Ruhender Bär

Vorbereitungszeit: 40 Minuten
Kochzeit: 30 Minuten

Für 4 Personen

- Sonnenblumenöl
- 1 gehackte Knoblauchzehe
- 1 TL frisch gehackter Ingwer
- 1 gewürfelte Möhre
- ½ gehackte Zwiebel
- 120 g küchenfertige Garnelen
- 1 gewürfelte kleine Zucchini
- 60 cl Wasser
- 80 g japanisches Curry (im Asia-Laden)
- 10 Lamellen eingelegter Ingwer
- ¼ Nori-Blatt
- 4 Schalen gekochter, heißer Reis (siehe „Reis kochen" S. 12)
- Salz
- Kleine Essigzwiebeln (nach Belieben)

In einer Pfanne Knoblauch, Ingwer, Möhre und Zwiebel 3 bis 4 Minuten bei hoher Temperatur in Öl anbraten. Garnelen und Zucchini zugeben und 2 bis 3 Minuten unter ständigem Rühren andünsten. 60 cl Wasser dazugeben, zum Kochen bringen und dann bei niedriger Temperatur 15 Minuten köcheln lassen. Curry hinzufügen und weitere 5 Minuten bei niedriger Temperatur unter ständigem Rühren köcheln lassen.

Aus den eingelegten Ingwer-Lamellen 4 Ovale (für die Schnauzen) sowie 40 kleine Kreise (für Wangen und Tatzen) ausschneiden. 4 Augenpaare aus dem Viertel Nori-Blatt herausschneiden.

Den Reis in einer Schüssel vorsichtig mit 4 Prisen Salz vermischen. Mithilfe von Klarsichtfolie für jeden Bären 8 abgeflachte Reis-Bällchen formen: Kopf, Ohren, Arme, Füße und stützende Unterlage.

Das stützende Reisbällchen in die Mitte eines Suppentellers geben und oben den Kopf sowie die Ohren platzieren. Augen aus Nori sowie Schnauzen und Wangen aus Ingwer aufsetzen, dann die Arme platzieren. Das als Unterlage dienende Reisbällchen bis zum Kinn des Bären mit dem Garnelen-Curry bedecken. Die Füße unten platzieren und mit 4 Ingwer-Scheibchen als Ballen belegen. Für die anderen drei Bären ebenso verfahren. Nach Belieben mit kleinen Essigzwiebeln servieren.

Bär

Denker

Kaninchen

Frosch

Gelbes Schaf

Kleines Mädchen

Sushi-Platte

Vorbereitungszeit:
45 Minuten
Kochzeit: 1 Minute

- 3 Schalen Sushi-Reis (siehe Rezept S. 12)
- ½ Schale roter Sushi-Reis (siehe Rezept S. 12)
- 3 Scheiben fester Mozzarella
- ½ Nori-Blatt
- 8 Kürbiskerne
- 2 gekochte Möhrenlamellen
- 3 in Streifen geschnittene japanische Crêpes (siehe Rezept S. 14)
- 1 Zucchini in Lamellen
- ½ Scheibe Schinken
- Schwarze Sesamsamen
- 1 Scheibe Räucherlachs
- 1 Jakobsmuschel in feinen Streifen
- Sojasauce
- Wasabi
- Salz

Für 24 Sushi (4 von jeder Sorte)

Bär

Aus 1 Mozzarellascheibe 4 Ovale und 4 Augenpaare ausschneiden.

4 Schnauzen aus Nori schneiden.

1 Esslöffel roten Sushi-Reis (mit Essig zubereitet) in Klarsichtfolie wickeln und zu einem flachen Bällchen formen. Folie abziehen und geformten Reis auf den Servierteller geben. Augen aus Mozzarella aufsetzen, ebenso ein Oval, auf dem die Nori-Form die Schnauze vollendet. 2 Kürbiskerne als Ohren an die Seiten stecken. Die drei anderen Sushi-Bären auf dieselbe Art herstellen.

Denker

Von den Möhrenlamellen 4 schmale Bänder von einigen Zentimetern Länge schneiden.

Für die Kappen ein Crêpe in 4 Dreiecke schneiden.

Mit einem Stanzer aus den Nori-Resten 4 Augenpaare und 4 Münder herausstanzen.

4 Sushi-Bällchen wie oben beim Bären-Sushi beschrieben herstellen, dabei jedoch den roten durch weißen Sushi-Reis ersetzen. Auf jedes Reisbällchen ein Dreieck aus Crêpe als Kappe sowie Augen und Mund aus Nori setzen. Die schmalen Möhrenbänder als Brille des Denkers kreisförmig um jedes Auge legen.

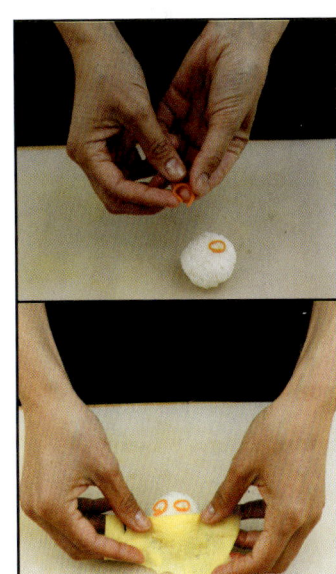

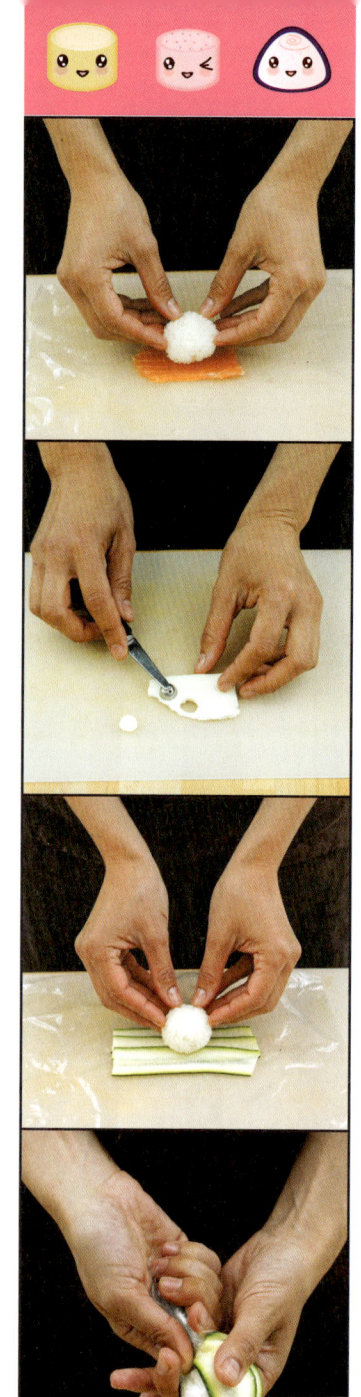

Frosch

Aus einer Mozzarellascheibe 8 Kreise von 0,5 cm Durchmesser ausschneiden. Mit einem Stanzer aus dem halben Nori-Blatt 8 kleine Kreise und 4 Mäuler herausstanzen. Aus einer Möhrenlamelle 8 kleine Kreise für die Wangen ausschneiden.

Die Zucchini-Lamellen 1 Minute in kochendes Salzwasser geben und dann in Eiswasser abschrecken, abtropfen lassen. Jede Lamelle halbieren.

3 halbe Zucchini-Lamellen so auf ein Stück Klarsichtfolie legen, dass sie sich leicht überlappen, dann 1 Esslöffel Sushi-Reis daraufgeben. In der Folie bonbonartig einwickeln und eine Kugel formen. Folie abziehen und die Sushi-Bällchen auf einen Servierteller legen. 2 Mozzarellascheibchen mit 2 Nori-Kreisen darauf als Augen aufsetzen. Die Möhren-Wangen und den Nori-Mund platzieren. In derselben Weise drei weitere Sushi-Frösche anfertigen.

Gelbes Schaf

4 Ovale von ca. 1,5 cm Länge (für die Gesichter) und 8 kleine Ohren aus dem Schinken ausschneiden.

Ein Viertel der Crêpes auf ein Stück Klarsichtfolie geben und 1 Esslöffel Sushi-Reis daraufsetzen. In der Folie bonbonartig einwickeln und eine Kugel formen. Folie abziehen und die Sushi-Bällchen auf einen Servierteller legen.

Das ovale Gesicht aus Schinken und die Ohren anbringen. Das Gesicht mit 3 schwarzen Sesamsamen für Augen und Maul vervollständigen. In derselben Weise drei weitere Sushi-Schafe anfertigen.

Kaninchen

Aus einer Mozzarellascheibe 4 Ohrenpaare und 8 dünne Streifen für die Mäuler schneiden. Aus der Scheibe Lachs 8 kleinere Ohren ausschneiden. Den restlichen Lachs in 4 Stücke schneiden.

4 Sushi-Bällchen wie beim Schaf-Sushi herstellen, dabei jedoch die Crêpes durch ein Stück Räucherlachs ersetzen. Auf jedem Bällchen die Ohren aus Mozzarella und darauf die kleineren aus Räucherlachs platzieren. Für das Maul 2 Mozzarellastreifen kreuzen. 2 schwarze Sesamsamen bilden die Augen.

Kleines Mädchen

Mit Ausstechform oder Messer 4 Blumen aus einer Möhrenlamelle schneiden. Die restliche Möhre in sehr kleine Stifte schneiden. Aus dem Nori-Blatt 4 Augenpaare (mit einem Stanzer) und 4 Münder schneiden.

4 Sushi-Bällchen wie beim Frosch-Sushi anfertigen, dabei jedoch die Zucchini-Lamellen durch schmale Streifen von der Jakobsmuschel ersetzen. Auf jedem Sushi-Bällchen Augen und Mund aus Nori platzieren. Zum Schluss die Möhrenstifte als Haare und jeweils eine Blume als Haarspange aufsetzen.

Vorbereitungszeit:
20 Minuten
Keine Kochzeit

- 4 Scheiben fester Mozzarella
- 12 Lamellen eingelegter Ingwer
- 4 ½ Nori-Blätter
- 4 kleine Schalen Sushi-Reis
  (siehe Rezept S. 12)
- 1 geraspelte Möhre
- ½ geschälte, entkernte und in
  grobe Stifte geschnittene Gurke
- 4 japanische Crêpes (siehe
  Rezept S. 14)
- Sojasauce

Hasen-Maki

Aus den Mozzarellascheiben 12 große Kreise von 1,5 cm Durchmesser für die Schnauze und 24 kleine Kreise für die Augen ausschneiden.

Aus dem eingelegten Ingwer 12 Paare länglicher Ohren schneiden.

Mit einem Stanzer 12 Mäuler aus dem halben Nori-Blatt stanzen.

1 Nori-Blatt mit der glatten Seite nach unten auf eine Bambusmatte für Maki-Sushi legen.

Auf drei Vierteln des Blattes eine dünne Schicht Reis verteilen. Darauf die Füllung als Streifen platzieren: Sie besteht aus einem Viertel der geraspelten Möhre und der Gurkenstifte mit einem gerollten Crêpe darauf. Den vorderen Rand der Matte leicht anheben, dabei die Zutaten mit den Fingern festhalten, und das Nori-Blatt aufrollen. Nach einer Umdrehung die Bambusmatte mit den Händen andrücken, sodass ein Zylinder entsteht. Mit einer Hand das Ende der Matte anheben und nach und nach weiterrollen. Dabei leichten Druck auf das Maki ausüben, damit das Nori-Blatt gut anhaftet. Die Matte wegnehmen und die Rolle auf ein Brett legen. Auf dieselbe Art drei weitere Rollen anfertigen.

Jede Rolle dritteln. Auf jedem Stück die Ohren aus eingelegtem Ingwer, die Augen aus Mozzarella und die größeren Mozzarellakreise mit den Mäulern aus Nori darauf platzieren.

Mit Sojasauce servieren.

Cupcakes kawaii

Vorbereitungszeit:
15 Minuten
Backzeit: 20 Minuten

Für 6 Cupcakes

Für den Teig
- 60 g Butter (Zimmer-
  temperatur)
- 100 g Streuzucker
- 1 Ei, geschlagen
- 1 TL Vanilleextrakt
- 100 g Mehl
- 1 TL Backpulver
- 1 Prise Salz
- 5 cl Milch

Für das Topping
- 125 g Mascarpone
- 75 g Puderzucker
- Einige Tropfen Vanilleextrakt
- 1 Prise Salz
- 1 EL Crème fraîche

Für die Dekoration
- Flüssige Schokolade aus der
  Tube
- 1 Erdbeere
- Farbige Zuckerperlen

Den Backofen auf 180 °C vorheizen.

In einer Schüssel Butter und Zucker schaumig schlagen, bis eine homogene Masse entstanden ist. Ei und Vanilleextrakt zufügen und erneut schlagen.

Mehl und Backpulver in eine andere Schüssel sieben und mit dem Schneebesen nach und nach unter die Masse in der ersten Schüssel heben. Mit einer Prise Salz abschmecken, die Milch in zwei Schritten zugeben und alles zu einem glatten Teig verrühren.

Den Teig auf Silikonförmchen verteilen. 20 Minuten backen. Auf einem Gitter vollständig auskühlen lassen.

Für das Topping den Mascarpone kräftig mit dem Schneebesen aufschlagen. Unter weiterem Schlagen Puderzucker, Vanilleextrakt und Salz dazugeben. Crème fraîche hinzufügen und erneut schlagen. Die Masse in einen Spritzbeutel geben und im Kühlschrank aufbewahren, bis die Cupcakes abgekühlt sind.

Das Topping mit dem Spritzbeutel auf die abgekühlten Cupcakes spritzen, dabei etwas Platz für das Gesicht lassen. Augen und Mund mit flüssiger Schokolade aus der Tube auf die Cupcakes zeichnen. Mit einem Strohhalm kleine Kreise aus der Erdbeere ausstechen und als Wangen aufsetzen. Zum Abschluss Zuckerperlen auf das Topping streuen.

Vorbereitungszeit:
15 Minuten
Kochzeit: 5 Minuten
Kühlzeit: 2 Stunden

Für ca. 15 Lollis

- 20 cl Wasser
- Blätter von 1 Zweig Minze
- Zesten von ½ Zitrone
- 2 Kiwis
- ½ Melone
- 80 g Erdbeeren
- 2 EL Streuzucker
- 1 TL Agar-Agar

Lollis aus Fruchtkugeln

Wasser in einem Topf leicht aufkochen. Minzeblätter und Zitronenzesten hineingeben. Die Kochplatte ausschalten, den Deckel auflegen und 15 Minuten ziehen lassen.

Unterdessen Kiwis schälen, Melone entkerne und Erdbeeren putzen. Mit einem kleinen Kugelausstecher aus dem Obst Kugeln ausstechen. Auf kleine Formen verteilen.

Den Minze-Zitronen-Aufguss durch ein Tuch abseihen und in einen Topf geben. Zucker und Agar-Agar dazugeben und verrühren. Zum Sieden bringen und einige Sekunden kochen lassen.

Die Mischung auf die Fruchtkugeln in den Förmchen schütten. In jede Form einen Spieß geben. Auf Zimmertemperatur abkühlen lassen und 2 Stunden im Kühlschrank kalt werden lassen. Vor dem Verzehr aus den Förmchen nehmen.

Tipp!
Agar-Agar ist eine Alge, die Gelatine ersetzt. Ihre gelierende Wirkung ist achtmal so stark. Achten sie also auf die Dosierung!

Danksagung

Ich danke meinen Eltern, die das ganze Bento-Chaos während der Aufnahmen aus-
gehalten haben!
Dank an Patrice, meinen geschätzten Teamkollegen.
Dank an Aurélie für dieses neue Projekt.
Und, last but not least, Dank an Thomas von Bento & Co und an Sam von Komikku für
seine Bentoboxen und Hilfsmittel, die uns begeistert haben!

© der deutschen Ausgabe:
Ullmann Medien GmbH

© der französischen Originalausgabe:
Kawaii. Recettes japonaises trop mignonnes !
Mango, Paris

Leitung: Anne la Fay
Redaktion: Aurélie Cazenave und Rachel Crabeil
Art Director: Julie Mathieu
Layout: Elfried Werner
Adaption: Patrick Leleux PAO
Korrektorat: Armelle Heron
Herstellung: Thierry Dubus und Audrey Bord
Fotografien: Patrice Hauser

Übersetzung aus dem Französischen: Judith Borchert
Satz: Christoph Eiden
Covergestaltung basierend auf einem Layout von Mango, Paris: Roman Bold & Black, Köln

Sonderausgabe

Gesamtherstellung: Ullmann Medien GmbH, Potsdam

ISBN 978-3-7415-2198-0

www.ullmannmedien.com
info@ullmannmedien.com
facebook.com/ullmannmedien
twitter.com/ullmannmedien